人類皆同胞

雅宣書之

世界平和の祈り（新バージョン）

一

神の無限の愛、吾《われ》に流れ入《い》り給《たま》いて
吾において愛の霊光燦然《れいこうさんぜん》と輝《かがや》き給う
その光いよいよ輝きを増して
全地上を覆《おお》い給い

すべての（ウクライナ）の人々《ひとびと》の心に
すべての（ロシア）の人々の心に
そして、世界のすべての人々の心に
愛と平和と秩序《ちつじょ》と
中心帰一の真理を満たし給う

（括弧《かっこ》内の国名は、状況に合わせて言い換える）

二

神の無限の愛、吾に流れ入り給いて
吾において愛の霊光燦然と輝き給う
その光いよいよ輝きを増して
全地上を覆い給い
すべての人々の心に

そして、
すべての動物、植物、菌類の御中《みなか》に
愛と平和と秩序と
中心帰一の真理を満たし給う

人類同胞大調和六章経

神《かみ》の光《ひかり》を受《う》ける祈《いの》り

私《わたし》の魂《たましい》の内《うち》には
永遠《えいえん》に消《き》えない光《ひかり》が宿《やど》っているのである。
それは

神《かみ》から来《き》たれる光《ひかり》である。
如何《いか》なる暗黒《あんこく》なる時《とき》にも、
その光《ひかり》に照《て》らされて進《すす》んで行《ゆ》けば、
私《わたし》たちは決《けっ》して道《みち》に迷《まよ》うことはないのである。

その光《ひかり》は愛《あい》の光《ひかり》である。
智慧《ちえ》の光《ひかり》である。
生命《せいめい》の光《ひかり》である。
愛《あい》が輝《かがや》き出《だ》す時《とき》
すべての憎《にく》しみは消《き》えるのである。
智慧《ちえ》が輝《かがや》き出《だ》すとき迷《まよ》いが消《き》えるのである。

生命《いのち》が輝《かがや》き出《だ》すとき
疲労《ひろう》が消《き》え、老衰《ろうすい》が消《き》え、
病気《びょうき》が消《き》え、死《し》が消《き》えるのである。

神《かみ》の愛《あい》の光《ひかり》が私《わたし》の内《うち》に輝《かがや》き出《だ》すとき
「自《じ》」と「他《た》」との牆壁《しょうへき》が消《き》える。

利益《りえき》の奪《うば》い合《あ》いがなくなり、
憤り憎《にく》しみは赦《ゆる》しと変《へん》じ、

さらに
相手《あいて》を祝福《しゅくふく》することが可能《かのう》となるのである。
私《わたし》は常《つね》に心《こころ》の窓《まど》をひらいて
神《かみ》の愛《あい》の光《ひかり》を今受《いまう》けるのである。

だから私《わたし》の全存在《ぜんそんざい》には
神《かみ》の愛《あい》の光《ひかり》が照《て》り渡《わた》っているのである。

神《かみ》の智慧《ちえ》の光《ひかり》が私《わたし》の内《うち》に輝《かがや》き出《だ》すとき、
人間《にんげん》が物質的存在《ぶっしつてきそんざい》だと見《み》えなくなり、
霊的存在《れいてきそんざい》だということが悟《さと》られて来《き》、

物質的欲望《ぶっしつてきよくぼう》が少《すく》なくなり、
霊的愛他的《れいてきあいたてき》な行《おこ》ないに導《みちび》かれて行《ゆ》き
生活《せいかつ》が浄《きよ》められるのである。

すでに
神《かみ》の生命《いのち》の光《ひかり》が私《わたし》の内《うち》に輝《かがや》き出《だ》したのである。

わが全身《ぜんしん》は生命力《せいめいりょく》にみちあふれ、
老《お》いなく、病《やま》いなく、
疲労《ひろう》なく、潑剌《はつらつ》として
人類《じんるい》の共通的歓喜《きょうつうてきかんき》のために
尽《つ》くすことができるようになっているのである。

神《かみ》の愛《あい》の光《ひかり》も、
智慧《ちえ》の光《ひかり》も、
生命《せいめい》の光《ひかり》も、
無限《むげん》であるから、
それは輝《かがや》かせば輝《かがや》かすほど
与《あた》えれば与《あた》えるほど、

光輝燦然《こうきさんぜん》としてその光《ひかり》と力《ちから》とを増《ま》すのであるから、
私《わたし》は
愛《あい》を人《ひと》に与《あた》えることを吝《おし》まないのである。
智慧《ちえ》を与《あた》えることを吝《おし》まないのである。
生命《せいめい》を与《あた》えることを吝《おし》まないのである。

人《ひと》は神《かみ》の子《こ》であり霊《れい》である。
霊《れい》であるということがわかると、
自《じ》と他《た》とが一体《いったい》であり、
彼《かれ》と我《われ》とが一体《いったい》であり、
超焉《ちょうえん》として自他《じた》を超《こ》え、
彼我《ひが》を超《こ》え、

私《わたし》の愛憎《あいぞう》を超《こ》えて、
全体《ぜんたい》の栄《さか》えのために尽《つく》すようになるのである。
全体《ぜんたい》の栄《さか》えのために自己《じこ》を挺身《ていしん》するとき、
一粒《ひとつぶ》の麦《むぎ》が姿《すがた》を没《ぼっ》して大地《だいち》に身《み》をまかすとき、
多《おお》くの新《あたら》しき芽《め》を分蘖《ぶんけつ》して、
多《おお》くの実《み》を結《むす》ぶことができると

同様《どうよう》になるのである。

私《わたし》はもはや、
肉体的存在《にくたいてきそんざい》でないことをさとったのである。
私《わたし》は「個《こ》」にして「全《ぜん》」、
「全《ぜん》にして個《こ》」である。

個性《こせい》を完全《かんぜん》に発揮《はっき》する悦《よろこ》びを味《あじ》わいつつ、
しかも全体《ぜんたい》の栄《さか》えのために身《み》を挺《てい》して
そこに何等《なんら》の矛盾《むじゅん》もないのである。

全人類同胞《ぜんじんるいどうほう》の自覚《じかく》と愛《あい》とを深《ふか》める祈《いの》り

世界同胞《せかいどうほう》、
すべての人類《じんるい》が〝神《かみ》の子《こ》〟であり、
われわれすべての人間《にんげん》が互《たが》いに兄弟姉妹《きょうだいしまい》であり、

神《かみ》に対《たい》して親子関係《おやこかんけい》にあるという
親密《しんみつ》な愛情関係《あいじょうかんけい》に在《あ》るということは、
われわれ〝神《かみ》の子《こ》〟が、
神《かみ》さまなる親様《おやさま》からわれらに授《さず》けられたる
大《だい》なる資産《しさん》であると謂《い》うことが出来《でき》るのである。
われわれ人間《にんげん》・神《かみ》の子《こ》は、

すべて各自《かくじ》の生命《せいめい》の中心《ちゅうしん》に
〝永遠《えいえん》なるもの〟〝無限《むげん》なるもの〟が宿《やど》っており、
その永遠者《えいえんしゃ》、無限者《むげんしゃ》を通《つう》じて、
われわれ〝神《かみ》の子《こ》〟たちは
各自《かくじ》の生命《せいめい》の中核《ちゅうかく》に於《お》いて
互《たが》いに一体《いったい》なる

円環《えんかん》なるものを形造《かたちづく》っているのである。

その互《たが》いに円環《えんかん》を形成《けいせい》する生命《せいめい》の一体感《いったいかん》の自覚《じかく》を〝愛《あい》〟と称《しょう》するのである。

それ故《ゆえ》に私《わたし》はすべての人間《にんげん》を愛《あい》するのである。

その愛《あい》の円環《えんかん》のつながりが毀《やぶ》れない限《かぎ》り、

人間《にんげん》はすべての人間《にんげん》を愛《あい》するし、
その愛《あい》を通《とお》して互《たが》いの一体感《いったいかん》の自覚《じかく》は増幅《ぞうふく》して、
共感《きょうかん》し、共鳴《きょうめい》し、
交響楽《こうきょうがく》となって、
生命《せいめい》の生《い》き甲斐《がい》を
互《たが》いに高唱《こうしょう》し合《あ》うのである。

われわれの本当《ほんとう》の〝自我《じが》〟は、
神《かみ》の生命《せいめい》である。
それは永遠《えいえん》なる者《もの》であり、
神《かみ》と一体《いったい》なる者《もの》であり、
常楽《じょうらく》にして

滅《ほろ》びざるところの存在《そんざい》である。
本当《ほんとう》の自我《じが》には
〝孤独感《こどくかん》〟は無《な》いのである。
それは〝永遠《えいえん》〟に結《むす》び着《つ》き、
〝無限《むげん》〟につながるものであるからである。
私《わたし》が生《い》きているという事《こと》は、

ここに神《かみ》が生《い》きているのである。
その自覚《じかく》は聖《せい》なる歓喜《かんき》であり、
浄《じょう》なる共悦《きょうえつ》である。
歓喜《かんき》の自覚《じかく》の中《なか》に
すべての人類《じんるい》の魂《たましい》の浄《きよ》らかなる共悦《きょうえつ》が
相倶《あいとも》に脈搏《みゃくう》っているのである。

わたしは今《いま》、
自己《じこ》の生命《せいめい》の中《うち》に
如来蔵《にょらいぞう》を感《かん》ずる。
凡夫《ぼんぷ》はひとりもいないし、
罪人《つみびと》はひとりもいないのである。

私《わたし》はすべての人間《にんげん》の内《うち》に
如来《にょらい》の実在《じつざい》を感《かん》じ知《し》るのである。
わたしはすべての人間《にんげん》を
如来《にょらい》として愛《あい》せずにはいられないのである。
〝愛《あい》する〟その極点《きょくてん》が礼拝《らいはい》である。
わたしはすべての人間《にんげん》を

礼拝《らいはい》せずにはいられないのである。
わたしがすべての人間《にんげん》を礼拝《らいはい》するとき、
すべての人間《にんげん》は
わたしを礼拝《らいはい》するのである。
そして私《わたし》がすべての人《ひと》を愛《あい》するとき、
その愛《あい》は聖《せい》なる愛《あい》であって、

執着《しゅうじゃく》の愛《あい》ではないのである。
それは礼拝《らいはい》の愛《あい》であり、
敬虔《けいけん》の愛《あい》であり、
人《ひと》それぞれに宿《やど》っている
神《かみ》の子《こ》たちの〝個性《こせい》〟を尊《とうと》ぶ愛《あい》である。

すべての人間《にんげん》が
等《ひと》しく〝神《かみ》の子《こ》〟であるにせよ、
神《かみ》さまなる親《おや》さまは
無限《むげん》の個性《こせい》を内《うち》に蔵《ぞう》し給《たま》うが故《ゆえ》に、
すべての人間《にんげん》・神《かみ》の子《こ》に
各々《おのおの》異《こと》なる

特色《とくしょく》ある個性《こせい》を授《さず》けていたまうのである。

それゆえに、

各人《かくじん》の個性《こせい》が清《きよ》らかにハッキリ実現《じつげん》すればする程《ほど》

決《けっ》して互《たが》いに衝突《しょうとつ》することなく、

互《たが》いの個性《こせい》は互《たが》いに協力《きょうりょく》し合《あ》い、

互《たが》いの進歩《しんぽ》に

貢献《こうけん》し合《あ》うことになっているのである。

神《かみ》なる親《おや》さまの

全包容的《ぜんほうようてき》な寛《ひろ》き大《ひろ》き御愛《みあい》を礼拝《らいはい》し、

その御配慮《ごはいりょ》に感謝《かんしゃ》し奉《たてまつ》る。

ありがとうございます。

愛行《あいぎょう》により超次元《ちょうじげん》に自己拡大《じこかくだい》する祈《いの》り

人間《にんげん》は
宇宙遍満《うちゅうへんまん》の普遍的大生命《ふへんてきだいせいめい》の
〝生《う》みの子《こ》〟であるのである。

宇宙大生命《うちゅうだいせいめい》がすべての人間《にんげん》に宿《やど》って、
その生命《せいめい》によって生《い》かされているのが
人間《にんげん》であるのである。
それゆえに人間《にんげん》は
〝有限《ゆうげん》〟と見《み》ゆる中《なか》に〝無限《むげん》〟を包蔵《ほうぞう》し、
〝個即普遍《こそくふへん》〟

〝有限即無限《ゆうげんそくむげん》〟の存在《そんざい》であるのである。

かくて、
ひとりひとりの人間《にんげん》は、
その肉体的《にくたいてき》あらわれを見《み》れば、
他《た》のすべての人間《にんげん》とは
互《たが》いに個々別々《こごべつべつ》に

分離《ぶんり》しているかのように見《み》えるけれども、
その実相《じっそう》は、
互《たが》いに大生命《だいせいめい》とのつながりに於《お》いて
一体《いったい》であり、
相互《そうご》に〝あるべき位置《いち》〟に
あるべき姿《すがた》と、

あるべき量《りょう》とをもって
平衡《へいこう》を保《たも》っているのである。

この平衡《へいこう》を暴力《ぼうりょく》によって破《やぶ》るとき、
その人《ひと》は宇宙《うちゅう》の〝平衡《へいこう》の原理《げんり》〟によって
必《かなら》ず復讐《ふくしゅう》されるのである。

それは大生命《だいせいめい》が
その分岐《ぶんき》である個生命《こせいめい》に割当《わりあ》てられたる
天分《てんぶん》であり、
領　域《りょういき》であり、
資源《しげん》であり、
その領域《りょういき》に於《お》いて

個性《こせい》は完全《かんぜん》なる自由《じゆう》をもち、
各自《かくじ》の努力《どりょく》によって、
他《た》を侵《おか》すことなく
いくらでも高《たか》く伸《の》び、
豊《ゆた》かに栄《さか》えることが自由《じゆう》であるのである。

現象界《げんしょうかい》の周辺《しゅうへん》は
限《かぎ》られたる領域《りょういき》を
定《さだ》められてあるように見《み》えるけれども、
魂《たましい》の世界《せかい》には
何《なん》の限定《げんてい》も存在《そんざい》しないのである。
そして魂《たましい》が内《うち》に伸《の》び、

内《うち》にひろがりて、
極微《きょくび》の世界《せかい》から
極大《きょくだい》の世界次元《せかいじげん》に達《たっ》して、
御霊《みたま》の権威《けんい》と広大《こうだい》さと、
聖潔《せいけつ》さとを発揮《はっき》することは自由《じゆう》であり、
それは三次元空間《さんじげんくうかん》に無闇《むやみ》に延《の》びる如《ごと》き

侵略性《しんりゃくせい》を伴《ともな》うことはないのである。
それは超空間《ちょうくうかん》に伸《の》びひろがり、
極微《きょくび》の世界《せかい》の奥《おく》にある
極大《きょくだい》の世界次元《せかいじげん》に達《たっ》するのであるから、
それほど壮快《そうかい》なる冒険《ぼうけん》はないのである。

個生命《こせいめい》の魂《たましい》が内《うち》に伸《の》び、
内《うち》にひろがる修行《しゅぎょう》の第一《だいいち》は、
〝自己《じこ》〟という限界《げんかい》を先《ま》ず破《やぶ》って、
他《た》の人《ひと》の福祉《ふくし》のために尽《つく》すということである。
これは他《た》を侵略《しんりゃく》することなくして、
他《た》に与《あた》えながら

自己《じこ》が伸《の》びひろがる行為《こうい》である。
このような愛行《あいぎょう》は
既《すで》に空間的限定《くうかんてきげんてい》の牆壁《しょうへき》を超《こ》えて
霊的次元《れいてきじげん》の世界《せかい》に
自己《じこ》が伸《の》びひろがったことなのである。

〝愛《あい》〟は霊的次元《れいてきじげん》の存在《そんざい》であるが故《ゆえ》に、
愛《あい》を与《あた》えるとき、
与《あた》えながら自己《じこ》が減《へ》ることなく
自己《じこ》が増大《ぞうだい》し
拡大《かくだい》することになるのである。

われわれは、かくの如《ごと》くして
個人的愛行《こじんてきあいぎょう》の実践《じっせん》によって
〝与《あた》えれば却《かえ》って殖《ふ》える〟真理《しんり》を知《し》り、
自己《じこ》の愛行《あいぎょう》を
個人《こじん》への奉仕《ほうし》より更《さら》に拡大延長《かくだいえんちょう》して、
社会奉仕《しゃかいほうし》、

国家奉仕《こっかほうし》、
世界奉仕《せかいほうし》にまで
自己《じこ》の生命《せいめい》を拡大《かくだい》せしめるのが、
〝神《かみ》の子《こ》〟の伸《の》び方《かた》であるのである。
これらの奉仕的愛行《ほうしてきあいぎょう》の拡大《かくだい》は、
自己《じこ》の魂《たましい》が内部《ないぶ》に向《む》かい、

そして超次元《ちょうじげん》の神《かみ》なる本源《ほんげん》の意志《いし》に向《む》かって
拡大《かくだい》して行《ゆ》くのであるから、
空間的次元《くうかんてきじげん》の利得《りとく》や
領土《りょうど》の拡張《かくちょう》の如《ごと》く、
他《た》の生命《せいめい》の拡大《かくだい》とは衝突《しょうとつ》することなく、
その愛行的努力《あいぎょうてきどりょく》が増加《ぞうか》し、

人々《ひとびと》を救済《きゅうさい》し得《う》る範囲《はんい》が増大《ぞうだい》するに従《したが》って、
自己《じこ》の幸福感《こうふくかん》と
生《い》き甲斐《がい》の感《かん》じとが
益々《ますます》増大《ぞうだい》するのである。
この真理《しんり》を知《し》らせ給《たま》いし神《かみ》に感謝《かんしゃ》いたします。
ありがとうございます。

愛《あい》と赦《ゆる》しのための祈《いの》り

地上《ちじょう》の世界《せかい》は今《いま》、
戦《たたか》いの中《なか》にある。
憎悪《ぞうお》の爆弾《ばくだん》が人口密集地《じんこうみっしゅうち》に落《お》とされ、

人々《ひとびと》の悲鳴《ひめい》と苦《くる》しみと
破壊《はかい》を生《う》み出《だ》している。
それに対《たい》して、
復讐《ふくしゅう》の攻撃《こうげき》が行《おこな》われ、
あるいは計画《けいかく》されている。
しかし、

これは迷《まよ》いが迷《まよ》いとぶつかる姿《すがた》である。
たとい神《かみ》や宗教《しゅうきょう》の名《な》によって
戦《たたか》いが行《おこな》われるとしても、
神《かみ》は
「自分《じぶん》のかたちに創造《そうぞう》した」人間《にんげん》の一方《いっぽう》を憎《にく》み、
一方《いっぽう》を愛《あい》することはない。

憎悪《ぞうお》で光《ひかり》を失《うしな》った人間《にんげん》が、
自己《じこ》の本質《ほんしつ》、
相手《あいて》の本質《ほんしつ》にある「神《かみ》のかたち」を忘《わす》れ、
「闇《やみ》」に向《む》かって
「闇《やみ》」をぶつけるのだ。

攻撃《こうげき》の刃《やいば》は、
物質的豊《ぶっしつてきゆた》かさの中《なか》で
同胞《どうほう》の苦《くる》しみを忘《わす》れた者《もの》に対《たい》する
警告《けいこく》であるかもしれない。
その警告《けいこく》が
大勢《おおぜい》の人《ひと》の命《いのち》を奪《うば》ったことを

我《われ》らは悲《かな》しむ。

しかし、

一方《いっぽう》の経済封鎖《けいざいふうさ》によって、

他方《たほう》の同胞《どうほう》の命《いのち》が奪《うば》われることを

忘《わす》れてはならない。

否《いな》、

戦《たたか》いの当事者《とうじしゃ》でない貧《まず》しい国《くに》の同胞《どうほう》が
餓死《がし》する危険《きけん》もある。
我《われ》らの近《ちか》くにいる者《もの》のみの豊《ゆた》かさを願《ねが》って、
遠《とお》くの同胞《どうほう》の貧《まず》しさと
苦《くる》しみを顧慮《こりょ》しない生《い》き方《かた》が、
嫉妬《しっと》と憎悪《ぞうお》を育《そだ》てていないかを考《かんが》えよう。

この「闇《やみ》」は、
いずれも人間《にんげん》の無知《むち》と
迷《まよ》いから出《で》たものであり、
神《かみ》がどちらかを罰《ばっ》するために
人間《にんげん》を差別《さべつ》しているのではない。
我《われ》らは初《はじ》めから同胞《どうほう》であり、

友人《ゆうじん》であり、
協力者《きょうりょくしゃ》である。
その「神《かみ》のかたち」を見《み》ずに
相手《あいて》の「闇《やみ》」を見《み》て、
同胞《どうほう》を「敵《てき》」と「味方《みかた》」に分《わ》ける我《われ》らの心《こころ》が、
敵《てき》と味方《みかた》を実際《じっさい》に生《う》み出《だ》すのである。

「闇《やみ》」に対《たい》して

いくら「闇《やみ》」を投《な》げ込《こ》んでも、

闇《やみ》は広《ひろ》がるばかりである。

子供《こども》は、

親《おや》の愛《あい》を欲《ほっ》するあまりに、

親《おや》の嫌《きら》う悪事《あくじ》をあえて行《おこな》うことがある。
それを行《おこな》う子供《こども》は、
決死《けっし》の覚悟《かくご》である。
「親《おや》」とは「子《こ》」より先《さき》に生《う》まれた人《ひと》であるが、
子《こ》と同《おな》じ人間《にんげん》である。
経済的《けいざいてき》、社会的《しゃかいてき》に先《さき》に行《い》く国《くに》と、

あとから行《い》く国《くに》があったとしても、
一方《いっぽう》が他方《たほう》を搾取《さくしゅ》して平気《へいき》でいるのでは、
神《かみ》の御心《みこころ》に沿《そ》った正《ただ》しい生《い》き方《かた》とは言《い》えない。
我《われ》らは「子《こ》」に傷《きず》つけられたとしても、
その子《こ》を「悪魔《あくま》」として葬《ほうむ》り去《さ》るだろうか？
我《われ》らは

「子《こ》」への愛《あい》が足《た》りなかったのではないか。
あるいは、愛《あい》があっても、
自分《じぶん》のことのみに関《かか》わっていて、
愛《あい》の表現《ひょうげん》が足《た》りなかったのではないか。

我《われ》らは「反逆児《はんぎゃくじ》」に心《こころ》を痛《いた》めるが、

彼《かれ》らの中《なか》にある「神《かみ》のかたち」を信《しん》じて、
彼《かれ》らを赦《ゆる》すのである。

それが、
「闇《やみ》」を消《け》すための唯一《ゆいいつ》の方法《ほうほう》である。

なぜなら、
闇《やみ》は光《ひかり》を当《あ》てることによって

必《かなら》ず消《き》えるからである。
我《われ》らの中《なか》にある「神《かみ》のかたち」が、
それを可能《かのう》にするのである。
全能《ぜんのう》なる神《かみ》の、
無限《むげん》の愛《あい》に感謝《かんしゃ》いたします。

戦《たたか》いの暗雲《あんうん》を払拭《ふっしょく》する祈《いの》り

テレビ画面《がめん》に戦《たたか》いの映像《えいぞう》が連日映《れんじつうつ》っても、
それは仮《かり》の相《すがた》である。
憎《にく》しみに燃《も》えた人々《ひとびと》が

街頭《がいとう》で拳《こぶし》を振《ふ》り上《あ》げても、
それは仮《かり》の相《すがた》である。
「何百人《なんびゃくにん》が死《し》んだ」との報道《ほうどう》があっても、
それは仮《かり》の相《すがた》である。
現象界《げんしょうかい》にこれらの事実《じじつ》がないというのではなく、
神《かみ》の創造《そうぞう》された実在《じつざい》の世界《せかい》では、

これらの敵意《てきい》も、
憎《にく》しみも、
怒《いか》りも、
悲《かな》しみもないのである。
それらが「在《あ》る」ように見《み》えるのは、
我々《われわれ》が心《こころ》で敵《てき》を認《みと》め、

心《こころ》で憎《にく》み、
怒《いか》り、悲《かな》しむからである。
その心《こころ》が
「本当《ほんとう》の心《こころ》」だと信《しん》じるからである。
その心《こころ》を放《はな》てば、
戦《たたか》いは消《き》えるのである。

なぜなら、神《かみ》は
被造物《ひぞうぶつ》が互《たが》いに憎《にく》み合《あ》う世界《せかい》など
創《つく》り給《たま》わないからである。
ましてや
「神《かみ》の似姿《にすがた》」として創《つく》られた人間《にんげん》が、
互《たが》いに殺《ころ》し合《あ》わねば

神《かみ》の御心《みこころ》が成就《じょうじゅ》しない世界《せかい》など、
創《つく》り給《たま》うはずはない。

「神《かみ》」の御名《みな》によって神《かみ》の子《こ》を傷《きず》つける行為《こうい》は、
迷《まよ》いである。
「神《かみ》」の御名《みな》を唱《とな》えて復讐《ふくしゅう》を誓《ちか》う心《こころ》は、

迷《まよ》いである。
「神《かみ》」が悪《あく》を相手《あいて》にして
戦《たたか》わねばならないとの考《かんが》えは、
迷《まよ》いである。
「神《かみ》」が神《かみ》の子《こ》を審判《さば》かねば
神《かみ》の国《くに》が来《きた》らないと考《かんが》えるのは、

迷《まよ》いである。
これらすべては迷《まよ》いであるが、
神《かみ》の子《こ》の人間《にんげん》が
仮《かり》に造《つく》る世界《せかい》において実演《じつえん》される。
これらすべては神《かみ》の御心《みこころ》でなくとも、
人間《にんげん》がそうすべきだと妄想《もうそう》すれば、

現象界《げんしょうかい》ではアリアリとした実感《じっかん》をともなって
戦《たたか》いが展開《てんかい》する。

それは劇場《げきじょう》での演劇《えんげき》のように、
〝本物《ほんもの》〟ではなく虚構《きょこう》である。

しかし、我々《われわれ》は〝俳優《はいゆう》〟として
自《みずか》ら肉体《にくたい》をもって劇《げき》を演《えん》じるだけでなく、

大道具《おおどうぐ》、小道具《こどうぐ》を自《みずか》らそろえ、
照明《しょうめい》、効果音《こうかおん》などを
巧《たく》みに組《く》み合《あ》わせることによって、
〝本物《ほんもの》〟の実感《じっかん》をもって
その劇《げき》に没入《ぼつにゅう》するのである。
それは、我々《われわれ》が求《もと》め、

我々《われわれ》が作《つく》った劇《げき》である。
戦《たたか》いの一幕《いちまく》はこうして始《はじ》まったのであり、
神《かみ》が始《はじ》めたものでは決《けっ》してない。

第一幕《だいいちまく》は「戦《たたか》い」であっても、
第二幕《だいにまく》において「平和《へいわ》」や「信頼《しんらい》」を演《えん》じることは、

我々《われわれ》にはできるのである。

なぜなら、

我々《われわれ》の心《こころ》が「戦《たたか》い」を演《えん》じたその同《おな》じ方法《ほうほう》によって、

「平和《へいわ》」も「信頼《しんらい》」も

演《えん》じることができるばかりでなく、

「平和《へいわ》」や「信頼《しんらい》」は

もともと神《かみ》の世界《せかい》に実在《じつざい》する
〝本物《ほんもの》〟であるからである。
神《かみ》の世界《せかい》に本来《ほんらい》あるものは、
人間《にんげん》が苦心惨憺《くしんさんたん》して
強引《ごういん》に地上《ちじょう》に作《つく》り上《あ》げねばならないことはない。
すでに在《あ》るものは、

人間《にんげん》が素直《すなお》に心《こころ》で認《みと》めれば現《あらわ》れるのである。
「平和《へいわ》」は神《かみ》に属《ぞく》するものであるから、
神《かみ》の子《こ》であるすべての人々《ひとびと》の心《こころ》の中《なか》に
すでに在《あ》るのである。
「信頼《しんらい》」は神《かみ》に属《ぞく》するものであるから、
神《かみ》の子《こ》であるすべての人々《ひとびと》の心《こころ》の中《なか》に

すでに在《あ》るのである。

「愛《あい》」は神《かみ》に属《ぞく》するものであるから、
神《かみ》の子《こ》であるすべての人々《ひとびと》の心《こころ》の中《なか》に
すでに在《あ》るのである。

ただそれらが、
一部《いちぶ》の人々《ひとびと》に向《む》かってのみ開放《かいほう》され、

別《べっ》の一部《いちぶ》の人々《ひとびと》に対《たい》しては
閉鎖《へいさ》されていることが問題《もんだい》である。

我々《われわれ》は神《かみ》の子《こ》であるから、
神《かみ》の無限《むげん》の愛《あい》と平和《へいわ》と信頼《しんらい》の心《こころ》を
内《うち》にもつのである。

神《かみ》の御心《みこころ》は、
宗教《しゅうきょう》や人種《じんしゅ》や民族《みんぞく》の違《ちが》いによって
神《かみ》の子人間《こにんげん》を差別《さべつ》しないのであるから、
我々《われわれ》もまた
宗教《しゅうきょう》や人種《じんしゅ》や民族《みんぞく》の違《ちが》いによって
兄弟《きょうだい》を差別《さべつ》しないのである。

神《かみ》はその無限《むげん》の愛《あい》と平和《へいわ》と信頼《しんらい》の心《こころ》によって
人類全体《じんるいぜんたい》をすでに祝福《しゅくふく》し給《たま》うているのであるから、
神《かみ》の子《こ》の我々《われわれ》もまた、
愛《あい》と平和《へいわ》と信頼《しんらい》の心《こころ》を
人類全体《じんるいぜんたい》に拡大《かくだい》するのである。
神《かみ》が人類全体《じんるいぜんたい》を常《つね》に祝福《しゅくふく》し給《たま》うことに

深《ふか》く感謝《かんしゃ》いたします。

「生存競争《せいぞんきょうそう》」の迷《まよ》いを去《さ》る祈《いの》り

「この世《よ》は
生存競争《せいぞんきょうそう》の勝者《しょうしゃ》が勝《か》ち残《のこ》る」というのは、
偏面的《へんめんてき》なものの見方《みかた》であって、

真理《しんり》ではない。
「この世《よ》は弱肉強食《じゃくにくきょうしょく》で、
弱《よわ》いものは強《つよ》いものに駆逐《くちく》される」という考《かんが》えも、
誤《あやま》れる一面観《いちめんかん》である。
神《かみ》の創《つく》り給《たま》うた完全世界《かんぜんせかい》では、
すべてのものが所《ところ》を得《え》て争《あらそ》うことなく、

相食《あいは》むことなく、
苦《くる》しむことがない。
争《あらそ》い、相食《あいは》み、
苦《くる》しむように見《み》えているのは、
我《われ》らが頭脳知《ずのうち》を通《とお》して見《み》る現象世界《げんしょうせかい》である。
現象《げんしょう》は、

感覚《かんかく》を通《とお》して現《あらわ》れる人間《にんげん》の心《こころ》の影《かげ》である。
自己《じこ》の恐怖心《きょうふしん》を通《とお》して世界《せかい》を見《み》れば、
恐怖《きょうふ》すべき世界《せかい》が現《あらわ》れる。
自他《じた》の一体感《いったいかん》を通《とお》して世界《せかい》を見《み》れば、
与《あた》え合《あ》い、
助《たす》け合《あ》いの世界《せかい》が現《あらわ》れる。

現象《げんしょう》はすべてのものの実相《じっそう》ではなく、
自己《じこ》の信念《しんねん》が賦彩《ふさい》された念《ねん》の映像《えいぞう》である。

「生存競争《せいぞんきょうそう》」や
「弱肉強食《じゃくにくきょうしょく》」の眼鏡《めがね》をかけて自然界《しぜんかい》を見《み》る者《もの》は、
眼鏡通《めがねどお》りに色《いろ》のついた

悲惨《ひさん》で、残酷《ざんこく》な世界《せかい》を見《み》るであろう。
「与《あた》え合《あ》い」や「協力《きょうりょく》」を
念頭《ねんとう》に置《お》いて自然界《しぜんかい》を見《み》る者《もの》は、
共存共栄《きょうぞんきょうえい》と共生《きょうせい》の世界《せかい》を見《み》るであろう。
しかし、いずれの世界《せかい》も
現象《げんしょう》であって実相《じっそう》ではない。

その背後《はいご》に、
感覚《かんかく》を超《こ》え、
時空《じくう》を超《こ》えた実相《じっそう》がある。
人間界《にんげんかい》を見《み》るのに
「生存競争《せいぞんきょうそう》」や「弱肉強食《じゃくにくきょうしょく》」の眼鏡《めがね》を通《とお》せば、
奪《うば》い合《あ》いや

権謀術数《けんぼうじゅっすう》の世界《せかい》が展開《てんかい》する。
無償《むしょう》の愛《あい》と
広《ひろ》い知恵《ちえ》をもってそれを見《み》れば、
愛《あい》し合《あ》い、
与《あた》え合《あ》う人々《ひとびと》の姿《すがた》が現《あらわ》れる。
しかしいずれの場合《ばあい》も、

それは有限《ゆうげん》な
現象面上《げんしょうめんじょう》の〝映像《えいぞう》〟のようなものであって、
実相《じっそう》ではない。
現象《げんしょう》は不完全《ふかんぜん》であり、
永続性《えいぞくせい》がないから、
「奪《うば》い合《あ》いの世界《せかい》」も

「与《あた》え合《あ》いの世界《せかい》」も永続《えいぞく》しないのである。
こうして自然界《しぜんかい》も人間界《にんげんかい》も、
我《われ》らの肉眼《にくがん》の前《まえ》では明暗《めいあん》二《に》相《そう》、
共生《きょうせい》と捕食《ほしょく》、
協力《きょうりょく》と競争《きょうそう》、
生《せい》と死《し》が交錯《こうさく》して展開《てんかい》する。

競争《きょうそう》とは、
相手《あいて》を蹴落《けお》とすことではなく、
自己《じこ》の本性《ほんせい》を伸《の》ばすことである。
自己《じこ》内在《ないざい》の可能性《かのうせい》を
現象《げんしょう》世界《せかい》に表現《ひょうげん》することである。

その結果《けっか》、
敗北者《はいぼくしゃ》が出《で》たように見《み》えるのは、
「ある観点《かんてん》」から見《み》ればそう見《み》えるというだけで、
これも心《こころ》の影《かげ》にすぎない。
時間《じかん》・空間《くうかん》の場《ば》が変《か》われば、
敗者《はいしゃ》が勝者《しょうしゃ》となり、

勝者《しょうしゃ》が敗者《はいしゃ》となることは
いくらでもある。
一時《いっとき》の勝敗《しょうはい》にこだわることなかれ。
勝敗《しょうはい》を問題《もんだい》にせず、
自己《じこ》の本性《ほんせい》たる「神《かみ》の子《こ》・人間《にんげん》」が
どれほど表現《ひょうげん》できたかを考《かん》えよ。

自己内在《じこないざい》の神性《しんせい》が、
どれだけ満足《まんぞく》したかを反省《はんせい》せよ。
実相《じっそう》の無限《むげん》のアイディアが
現象面《げんしょうめん》にどれほど現出《げんしゅつ》したか、
実相《じっそう》の無限《むげん》の知恵《ちえ》が
どれだけ生活《せいかつ》に生《い》かされたか、

実相《じっそう》の無限《むげん》の愛《あい》が
どれほど多《おお》くの人々《ひとびと》に到達《とうたつ》したかを問題《もんだい》にせよ。
それは「競争《きょうそう》」ではなく、
「競現《きょうげん》」であり
「競生《きょうせい》」であり
「競達《きょうたつ》」である。

競争《きょうそう》に敗《やぶ》れたものは
生存《せいぞん》できないと考《かんが》えるなかれ。
死《し》は、
実相《じっそう》においては存在《そんざい》しない。
「死《し》」のように見《み》えるのは、

生《い》きとおしの命《いのち》が
進行方向《しんこうほうこう》を変《か》える際《さい》、
一時後《いちじあと》もどりする姿《すがた》にすぎない。
ある時期《じき》にある方向《ほうこう》へ行《い》けなければ、
別《べつ》の時期《じき》を待《ま》てばよいし、
別《べつ》の方向《ほうこう》へ伸《の》びることも可能《かのう》だ。

ある環境《かんきょう》で
仕事《しごと》がうまく行《い》かなければ、
別《べつ》の環境《かんきょう》や
別《べつ》の時期《じき》を選《えら》べばよい。
現象《げんしょう》が八方塞《はっぽうふさ》がりだと嘆《なげ》くなかれ。
実相《じっそう》には、

無限《むげん》アイディアと
無限可能性《むげんかのうせい》が満《み》ちている。
それを受信《じゅしん》せよ。
生《い》かせよ。
表現《ひょうげん》せよ。
そのためには神想観《しんそうかん》を実修《じっしゅう》し、

神《かみ》に心《こころ》を合《あ》わせよ。

我《われ》、神《かみ》の無限《むげん》アイディアと
知恵《ちえ》と生命力《せいめいりょく》に感謝《かんしゃ》し奉《たてまつ》る。

（誦経終《しょうけいおわり》）

願《ねが》わくはこの誦経《しょうけい》の功徳《くどく》により、
人類同胞皆神《じんるいどうほうみなかみ》の子《こ》の実相《じっそう》いよいよ顕現《けんげん》し
万国《ばんこく》・万人大調和《ばんにんだいちょうわ》の世界《せかい》の実現《じつげん》せんことを。

「世界平和の祈り」について

本書には、世界平和に関する生長の家の考え方を示した祈りの言葉七つを収録した。それを「六章経」と呼ぶのは、先に出された『万物調和六章経』が、巻頭の「大調和の神示」を加えると全体で七つの文章から構成されていても、「六章経」と呼んだのに倣《なら》った。

生長の家創始者、谷口雅春先生が「世界平和の祈り」の〝オリジナル〟を発表されたのは、一九七〇年（昭45）ごろだと思われる。〝オリジナル〟の意味は、「秩序」と「中心帰一」の二語が含まれたもののことで、それ以前の一九五七年（昭32）ごろから、「前身」と呼ぶべき祈りの言葉はあったようだ。この〝オリジナル〟の成立から半世紀以上たった現在、巻頭に掲げた〝新バージョン〟が生まれた理由は、現代の平和が、単なる願望や念仏の繰り返しでは維持できない状況になっているからである。エネルギーと資源浪費のライフスタイルが世界全体に拡大したおかげで、地球環境の劣化が不可逆的に進行しつつあり、それが、資源や領土の奪い合いにつながり始めたからである。

二〇二二年二月のロシアによるウクライナ侵略は、NATO（北大西洋条約機構）の東方拡大を恐れるロシアの、勢力範囲維持のための戦争であると同時に、資源とエネルギーの側面から見れば、化石燃料の輸出大国（ロシア）が、技術力と農業資源の豊かな〝衛星国〟（ウクライナ）を、自らの勢力内に強引につなぎ留めようとする行動である。ロシアは、世界でまだ化石燃料が求められているうちに、それに依存する西欧側の反対を抑えつつ、自国が利用できる資源や食糧を将来にわたって確保することを考えたのだろう。地球環境をこれ以上悪化させないためには、世界の国々は化石燃料の使用を大幅に削減しなければならない。ということは、ロシアの影響力が弱まることだ。また、ウクライナが〝西側〟に回ることは、プーチン氏にとって、ロシアの将来の安全保障と食糧確保に不安を抱かせたに違いない。こうして、冷戦後の世界秩序を否定する侵略戦争が開始された。

宗教運動は、このような現実世界の厳しさから目を背けて、美しいイメージの中に埋没することを目的としていてはならない。そんな意図から、今回の「世界平和の祈り」には、目の前にある〝ウクライナ危機〟を想起させる言葉（一番）を導入し、さらに人間の活動による生物多様性の破壊や、新しい感染症の発生を防止する必要を暗示する言葉（二番）を織り込んだ。今後の世界では、自然破壊と地球温暖化の深刻化によって、今回のような国家間、民族間の紛争や対立が、より頻繁に起こると予測できる。私たちはそれに対して、「現象はナイ」と言って目をつむるだけでは、「フェイクニュース」を叫ぶ愚かな政治家と変わらない。「現象はナイ」の教えは、「現象は人間の心に原因があるのだから、その心を変えることでナイ状態にすることができる」という意味である。

そのための祈りの言葉が、ここにある。私たちの心が変われば、当然のことながら、私たちの行動や生き方も変わる。いや、変わらなければならない。そのための一助として読者が本書を利用して下されば、編者の歓びこれに勝るものはない。

なお、本書前半の三つの祈りは、谷口雅春先生の『真理の吟唱』と『続 真理の吟唱』から選定させていただいた。後半の三つの祈りのうち「愛と赦しのための祈り」と「戦いの暗雲を払拭する祈り」は、二〇〇一年九月のアメリカ同時多発テロ事件のすぐ後に、私がブログに発表した祈りを一部改変したものである。最後の「〝生存競争〟の迷いを去る祈り」は、拙著『日々の祈り』から転載した。

二〇二二年五月一日

谷口　雅宣　記

遙かなる国

作詞・作曲　谷口清超

（一）

はるかなる母の国には
たわわにぞ華果《けか》の実りて
住む人はことごとく
愛ふかく智慧あふれ
助け合い信じ合い与え合い
ほめ言葉　海山里《うみやまさと》に
こだましつ　こだましつ

◇◇◇◇◇◇◇◇◇◇◇◇◇◇◇◇◇◇◇◇◇◇◇◇◇◇◇◇◇◇◇◇◇◇◇◇◇◇

（二）

家々には子宝みちて
子らは皆個性にあふれ
住む人はことごとく
愛ふかく智慧あふれ
公けに奉仕を悦び与え
命をこめてよきものを
作りなす　作りなす

（三）

とこしなえの御中《みなか》に帰一し
みこころを吾が心とし
神をたたえ人々をおろがみ
愛ふかく智慧あふれ
すこやかに命を出し尽し
すべてのみ栄えを神に
捧げまつる　捧げまつる

人類同胞大調和六章経

令和四(二〇二二)年六月三十日　初版第一刷発行

編著者　谷口雅宣
著　者　谷口雅春
　　　　谷口清超（聖歌「遙かなる国」）
発行者　雪島達史
発行所　宗教法人「生長の家」
　　　　山梨県北杜市大泉町西井出八二四〇番地二一〇三
　　　　電　話（〇五五一）四五―七七七七
発売元　株式会社　日本教文社
　　　　東京都港区赤坂九丁目六番四四号
頒布所　一般財団法人　世界聖典普及協会
　　　　東京都港区赤坂九丁目六番三三号

定価 本体 818 円 ＋税

本文用紙は「やまなし森の印刷紙」を使用
印刷　創美
ISBN978-4-531-05922-5